Lübeck

Trave

Grönau

Krummesse

Hornstorf

Groß Sarau

Pogeez

Berkenthin

Buchholz

Hollenbek

Einhaus

Ratzeburg

Alte Salzstraße

Nebenwege

Kombinierte Wasser- und
Landwege

Wasserweg

Fredeburg

Marienwohlde

Mölln

Breitenfelde

Hornbek

Besenthal

Roseburg

Siebeneichen

Seilzugfähre

Fortkrug

Steinkrug

Büchen

Heidekrug

Lütau

Elbe

Zollenspieker

Schnakenbek

Boizenburg

Ilmenau

Palmschleuse

Artlenburg

Lauenburg

Lüdershausen

Brietlingen

Elbe

Bardowick

Lüneburg

Kloster Lüne

Alte Salzstraße
von Lüneburg nach Lübeck

Texte von Roland Pump
Fotografien von Günter Pump

HUSUM

Salz – das „weiße Gold"

Salz – wir benutzen es heute wohl täglich und es ist ein Artikel, der nur wenige Cent kostet und in jedem Supermarkt erhältlich ist. Doch im Mittelalter war das ganz anders. Da hatte das Salz den Status „weißen Goldes".

Wer heute eine alte und entsprechend restaurierte Küche aus dem Mittelalter besichtigt, findet ein schön verziertes Holzkästchen an der Wand, das den Salzvorrat zum Kochen enthält – meistens in der Nähe der Feuerstelle, um das Salz trocken zu halten. Zu dieser Zeit war das Salz sehr wertvoll und wurde eben auch das „weiße Gold" genannt.

Aber nicht nur zum Würzen wurde das Salz benötigt. Zu Zeiten, als es noch keinen Kühlschrank gab, wie wir ihn heute kennen, wurden Fleisch und Fisch mit Salz haltbar gemacht. Oft war diese Art der Konservierung die einzige Möglichkeit, einen Vorrat an Lebensmitteln anzulegen. So brauchte man z. B. 100 g Salz, um 1 kg Fleisch haltbar zu machen. Die Konservierung machte auch einen Handel mit diesen Produkten möglich und wurde somit zur wirtschaftlichen Grundlage vieler Händler des Mittelalters.

Salz ist immer noch ein sehr wichtiger Bestandteil unseres Lebens. Der Konsum von Kochsalz ist sogar lebensnotwendig. Ohne Salz würde der Wasser- und Nährstoffhaushalt des Körpers nicht funktionieren. Salzmangel würde sich durch Müdigkeit, Schwindel und Verwirrung bis hin zur Desorientierung bemerkbar machen.

Um das gesamte Land mit Salz zu versorgen, wurden oft weite Strecken zurückgelegt, und rund um das Salz entwickelte sich ein eigener Handel. Eine der wichtigsten Handelsrouten lag zwischen Lüneburg und Lübeck. Sie ist heute sicherlich das bekannteste Stück der Alten Salzstraße.

Die Alte Salzstraße führte durch Europa. Sie war einer der wichtigsten Fernhandelswege und reichte von den Nordmeeren bis zum Mittelmeer: Von der alten Wikingerstadt Haithabu über Lübeck nach Lüneburg, weiter über Magdeburg, Halle, Leipzig bis Waldheim. Von dort durch das Erzgebirge über Oederan und Sayda bis nach Prag. Hier traf die Salzstraße auf die Bernsteinstraße. Die Salzstraße führte auch über Passau nach Salzburg und weiter nach Venedig. Neben dem Salz wurden viele andere wertvolle Handelsgüter wie Felle, Bernstein oder Seide über die Route transportiert. Haupttransportgut war aber das Salz aus Lüneburg.

Über die Entdeckung der Salzvorräte in Lüneburg gibt es eine schöne Geschichte. Es heißt, dass Jäger aus Lüneburg ein weißes Schwein erlegt haben sollen. Es war allerdings kein Albino, sondern hatte getrocknetes Salz an den Borsten. Es hatte sich wohl in einer salzhaltigen Suhle gewälzt. So kamen die Einwohner von Lüneburg auf die Spur des Salzes.

Diese Sage um die Entdeckung des Salzes ist wohl eine Wandersage, wie sie auch im Zusammenhang mit der Geschichte anderer Salzsiedereien in Europa erzählt wird, aber sie hält sich schon über mehrere Jahrhunderte. Es könnte natürlich auch so gewesen sein. Gesichert dagegen ist die erste schriftliche Erwähnung der Saline im Jahr 956.

Um Salz zu gewinnen, gibt es mehrere Wege. Die älteste Möglichkeit ist wohl die Gewinnung aus dem Meer. Das Meerwasser wird in Teiche geleitet und verdunstet durch die Wärme der Sonne. Das kristallierte Salz kann dann abgeschöpft werden.

Die andere Möglichkeit, an Salz zu kommen, führt über den Bergbau. Der trockene Abbau von Salzstein ist bereits 3500 vor Christus bekannt. Der übliche unterirdische Abbau allerdings erst seit dem 13. Jahrhundert.

Der nasse Abbau erfolgt durch das Einleiten von Wasser in die Salzlagerstätten. Heraus kommt die sogenannte Salzsole. Diese wird erhitzt und das Wasser verdampft. Zurück bleibt das Salz.

In Lüneburg wurden die Salzstöcke bereits vom Grundwasser umspült, sodass die Salzsole vorhanden war, ohne dass Wasser extra zugeleitet werden musste.

Salzsiedung im Mittelalter, zu betrachten im Deutschen Salzmuseum in Lüneburg

Über 500 Jahre lang verband die Alte Salzstraße die Städte Lüneburg und Lübeck miteinander. Im Mittelalter spielten beide Städte eine wichtige Rolle und waren durch den Handel eng miteinander verbunden, Lüneburg als Lieferant und Erzeuger des Salzes und Lübeck als Hafen für den gesamten Ostseeraum.

Zwischen 1300 und 1400 entsprach ein einfaches, eingeschossiges Einfamilienhaus in der Stadt dem Gegenwert von einem halben Fass Salz. Bis in das Mittelalter diente Salz als wichtiges Zahlungsmittel. Die Salzstraße führte von der Ilmenau Richtung Norden zur Elbe nach Artlenburg. Der Übergang über den Strom erfolgte mit-

Durch hölzerne Rohre wurde in Lüneburg die Sole befördert.

tels einer Fähre, die sich an dieser Stelle schon viele Jahrhunderte lang befand. Weiter führte die Alte Salzstraße dann nach Schnakenbek und bei Lütau auf die große Heerstraße nach Schwarzenbek, dann in Richtung Mölln und Ratzeburg, vorbei am großen See, bevor sie Lübeck erreichte.

Als Ergänzung des beschwerlichen Landwegs bauten die Lübecker im Jahr 1398 parallel einen Wasserweg, den Stecknitzkanal bei Lauenburg. Damit entstand die älteste künstliche Wasserstraße Europas, der heutige Elbe-Lübeck-Kanal. Der Transport des Salzes auf dem Wasserweg spielte für den Kanal eine wichtige Rolle.

In Lübeck in der Nähe des Holstentores stehen auch heute noch eine Reihe der alten Salzspeicher, die an die Zeit der Salzstraße erinnern. Das „Trave-Salz" war eines der wichtigsten Handelsgüter der Hanse.

Ganz in der Nähe der Trave gab es auch ein kleines Vorkommen von Salz. Beim Gut Tralau wurde vermutlich seit Ende des 16. Jahrhunderts eine Saline betrieben. Bis 1748 wurde hier Salz produziert. Für die Einstellung des Betriebes war auch das Recht Lüneburgs auf Alleinhandel mit Salz verantwortlich.

Ein weiteres Salzvorkommen hat es in Bad Segeberg gegeben. 1869 lief die Nachricht „Glückauf! Es ist Salz gefunden" vermutlich wie ein Lauffeuer durch die Stadt, denn Se-

Mit Pferd und Wagen wurden die Salzfässer transportiert.

geberg hoffte damit auf gute Geschäfte. Am 14. Januar 1869 wurde in 148 m Tiefe unter dem Kalkberg Salz in großer Menge und ausgezeichneter Qualität gefunden. Es handelte sich dabei um Steinsalz. Am 13. Mai 1870 sollte mit dem Abbau begonnen werden. Es wurde ein 4,70 m² großer Schacht gegraben. In 88 m Tiefe stieß man jedoch auf eine sehr starke Wasserader, sodass Wasser in den Schacht lief. Da die vorhandenen großen Dampfpumpen die Wassermenge nicht bewältigen konnten, mussten die Arbeiten eingestellt werden. 1874 erfolgte erneut ein Versuch, zwecks Salzgewinnung einen Schacht zu bauen – ebenfalls vergebens.

Transportiert wurde das Salz überwiegend mit Pferd und Wagen. Heute gibt es wieder eine Tour mit historisch nachempfundenen Salzwagen, die für die Mitnahme von Besuchern ausgelegt ist. Die Tour dauert fünf Tage, an denen weitgehend auf der alten Route gefahren wird.

Interessant ist, dass es im Mittelalter den Begriff der „Salzstraße" oder die lateinische Übersetzung „via salaria" gar nicht gegeben hat. Das ist eine „Erfindung" unseres Jahrhunderts. Nur zwei Straßen in Lüneburg selbst tragen diesen Namen. Die Salzstraße als Heer- oder Handelsweg war bekannt unter unter dem Namen Via Regia, was so viel heißt wie Königsstraße oder königliche Straße oder auch „heilige römische kaiserliche freie Straße". So ist sie urkundlich erwähnt. Insgesamt gab es drei unterschiedliche Wege, um das Salz von Lüneburg nach Lübeck zu transportieren. Den reinen Wasserweg durch die Stecknitzschifffahrt und den kombinierten Wasser-/Landweg, der über die Ilmenau bis Zollenspieker, dann über die Elbe bis Boizenburg und von dort auf dem Landweg über Fortkrug, Sarnekow und Fredeburg nach Lübeck führte. Eine weitere Kombiverbindung führte ebenfalls über die Ilmenau bis Zollenspieker, auf der Elbe bis Buchhorst bei Lauenburg, von dort auf dem Landweg über Dalldorf, Witzeeze und Mölln bis nach Lübeck.

Der Streckenverlauf des Landweges ist umstritten. Sicherlich liegt das daran, dass es im Mittelalter keine Straßenkarten gegeben hat, die den Weg genau dokumentiert hätten.

Die Ilmenau war ein Teil des kombinierten Wasser-/Landweges.

Auch wird die Wegführung je nach Befahrbarkeit der Straßen gewechselt haben.

Der Verlauf der Salzstraße wurde von einigen Geländepunkten bestimmt: der Elbquerung bei Artlenburg, die an keiner anderen Stelle in dieser Form möglich war. Der Stecknitz-Delvenau bei Mölln als Flusstal. Den Furten der Linau bei Lütau und der Steinau bei Pötrau. Sandige Böden wurden für die Straßen bevorzugt. Eine Straßenbefestigung kam erst viel später auf.

Diese Punkte bestimmten die Route. Es gab vermutlich eine untere Route von Lüneburg nach Mölln über Lüne, Brietlingen, Lüdershausen, Artlenburg, Schnakenbek, Lütau, Pötrau, Siebeneichen, Roseburg, Hornbek und Mölln. Nördlich von Mölln verzweigte sich der Weg. Die ältere Route führte über Marienwohlde, Berkenthin und Krummesse nach Lübeck. Sie wurde 1741 als Via Regia (Königsstraße) aufgehoben. Die jüngere Strecke, die als Via Regia oder Via Publica (Volksstraße, Handelsstraße) die Nachfolge antrat, verlief über Fredeburg, Einhaus, Buchholz, Pogeez und Grönau nach Lübeck.

Die damalige Salzstraße war eine Straße der wichtigsten Art. Die Breite schwankte zwischen 5 und 20 m. Ein Stück davon ist auch im Breitenfelder Moor zu sehen. Die Salzstraße hatte eine Länge von ca. 130 km und verlief meistens über Sandwege, die schwer zu befahren waren. So dauerte der Weg von Lüneburg nach Lübeck oft drei Wochen.

Nicht nur die beiden Städte profitierten von der Salzstraße. Auch die Orte auf der Wegstrecke holten sich durch Zoll ihren Anteil. Es wurden Gesetze erlassen, die es den Wagen nicht erlaubten, diese Zollstellen zu umfahren.

Mit dem Stecknitzkanal (Bauzeit von 1391 bis 1398) verlor die Straße als Transportweg zunehmend an Bedeutung. Die Frachten wurden nun per Schiff transportiert.

Historische Pflasterung der Alten Salzstraße im Breitenfelder Moor

Lüneburg

Durch das Salz nahm Lüneburg einen erheblichen wirtschaftlichen Aufschwung. In der Stadt gab es während des Zweiten Weltkriegs kaum Zerstörungen, sodass noch vieles erhalten geblieben ist. Gegründet wurde die Stadt rund um die Herzogsburg auf dem Gipsblock des Kalkberges. Die in der Nähe befindliche Solequelle trug mit dazu bei, dass sich hier ein Ort entwickeln konnte. Und die „alte Brücke" ermöglichte den Übergang über die Ilmenau und war somit Teil eines wichtigen Handelsweges. Erwähnung fand Lüneburg 956 in einer Urkunde Ottos des Großen. Die darin enthaltenen Informationen lassen bereits auf eine ertragreiche Salzgewinnung schließen.

Das Schloss in Lüneburg, zu dem auch ein runder Bergfried aus dem Jahr 1477 gehörte, brannte 1616 bis auf einen Rest aus. Aus den noch vorhandenen Bauten entstanden das heutige Rathaus und Amtsgericht. Das Rathaus gilt als eines der schönsten im Norden. Im Lauf der Jahre wurde es immer wieder erweitert. Gebaut wurde es ab dem Jahr 1230.

Entstanden ist Lüneburg aus einer Schiffersiedlung. Die Stadtrechte Lüneburgs wurden wahrscheinlich um 1189 nach der Zerstörung Bardowicks vergeben. Ein urkund-

Das Rathaus in Lüneburg, das größte unversehrt gebliebene Rathaus aus dem Mittelalter

licher Beleg dafür wurde jedoch bis heute nicht gefunden.

Lüneburg wuchs aus einzelnen Ortsteilen zusammen. Den Anfang machten die ältesten Stadtviertel, das Marktviertel im Umfeld des Kalkbergs, das Sandviertel an der Brücke und das Salzviertel im Bereich der Saline. Später kam dann noch das Wasserviertel im Bereich des Hafens hinzu. Jedes dieser Viertel hatte seine eigene Kirche, die Michaelis-, die Lamberti-, die Johannis- und die Nikolai-Kirche. Die Lambertikirche verschwand 1860 aus dem Stadtbild. Grund waren die vielfachen Senkungen des Bodens durch den Salzabbau. Immer wieder mussten Häuser abgerissen oder verlegt werden.

Um Salz nach Lübeck transportieren zu können, musste es natürlich erst einmal „produziert" werden. Dies geschah in einer Saline. Im Fall der Lüneburger Saline entstand das Salz durch das Verdampfen von salzhaltigem Wasser, der Sole. Diese lag im Verhältnis zu anderen Salzstöcken sehr dicht an der Oberfläche und wurde ständig von Grundwasser umspült.

Die Saline bestand aus 54 Siedehäusern und wurde rund um die Uhr und, bis auf wenige Ausnahmen, das ganze Jahr über betrieben. Die 216 Pfannen ergaben eine ungefähre Jahresleistung von 20–30 000 t verkaufsfähigem Salz. Das Salz wurde hier verkocht und abgefüllt. Vorher musste jedoch das „Salzwasser"

Solebehälter auf dem Wallrest am Museum

aus 30 bis 40 m Tiefe aus einem der vier Brunnen geholt werden. Über dem Brunnen stand das Brunnenhaus. Das Wasser wurde über diverse Rinnen an die Siedehäuser wei-

tergeleitet. In jedem Siedehaus waren vier Pfannen in Betrieb. Das Werk hat noch bis 1980 Salz produziert. Erst dann musste es aufgrund der Kosten geschlossen werden. Auf dem Gelände steht heute das Deutsche Salzmuseum und erinnert an die große Zeit der Salzproduktion.

Das Salz hat die Lüneburger wohl auch sehr durstig gemacht, denn im Mittelalter besaßen rund 80 Bürgerhäuser die „Braugerechtigkeit". Die Geschäfte mit dem Bier müssen gut gewesen sein, was die stattlichen Brauhäuser bewiesen haben. Neben den Häusern der Sülfmeister (Besitzer von Siedepfannen zur Salzgewinnung) waren sie die imposantesten Bauwerke.

Bei einem Gang durch die Altstadt kann man den Reichtum der Stadt erkennen.

Lüneburg liegt am Rand der Lüneburger Heide. Noch im Mittelalter war diese Landschaft durch große Eichen- und Buchenwälder bedeckt. Erst der Mensch hat die Landschaft umgeformt. Ein Grund dafür war der große Holzbedarf der Saline, aber auch Schiffs- und Hausbau trugen dazu bei, dass die Wälder verschwanden. Auf dem kargen Boden konnte sich vor allem das Heidekraut ansiedeln.

Die Salzstraße führte von Lüneburg aus durch das Lüner Tor am Kloster Lüne vorbei. Als „extra muros" (außerhalb der Mauern) wurde die Lage des Klosters früher bezeichnet. Seit 1711 ist es ein adliges Damenstift, war aber ursprünglich ein Nonnenkloster des Benediktinerordens. Die Stiftungsurkunde

*Die Kronen-Brauerei in der
Lüneburger Altstadt*

trägt das Datum 9. Januar 1172. Gegründet wurde es von Hildeswidis von Markboldestorp für einen Zusammenschluss geistlicher Frauen. Später wurde daraus ein Benediktiner-Nonnenkonvent. Aber erst 1372 wurde es am heutigen Platz in Backsteingotik gebaut. Das vorhergehende Gebäude wurde durch ein Feuer zerstört. Das Kloster ist eines der sechs Heideklöster.

Mit Einführung der Reformation wurde das Kloster zu einem Damenstift. Bis heute wird es durch eine Äbtissin geleitet. In der Zeit von 1711 bis 1956 wurden nur Töchter des hannoverschen Adels hier aufgenommen. Die Klosteranlage konnte über Jahrhunderte bis heute in ihrer Gesamtheit bewahrt werden.

Die Salzstraße führte durch das Kloster Lüne.

Von Bardowick bis zur Elbe

Die Salzstraße verläuft weiter nach Westen. Der Reisende sieht dann zwei wuchtige kurze Türme. In der Mitte ist ein Satteldach zu sehen. Es ist Bardowick, einst die älteste und größte Stadt im niederdeutschen Land. Der Dom ist das letzte, weithin sichtbare Denkmal für die geschichtliche Bedeutung des an der Ilmenau gelegenen einstigen Handelsplatzes. Einige Geschichtsschreiber hielten Bardowick für eine uralte Stadt, „älter als Rom selbst". Doch diese Vermutung konnte bis heute nicht nachgewiesen werden. Der alte römische Name des Ortes „Bardorum vicus" könnte allerdings ein Hinweis darauf sein, dass es hier einen römischen Handelsplatz gegeben haben könnte. Die erste dokumentierte Erwähnung als „Bardewic" gab es im Jahr 795 n. Chr. Schon vor Entstehung der Salzstraße führten Handelswege durch Bardowick. So wurde z. B. im Jahr 805 im „Capitulare von Diedenhofen" festgelegt, dass fränkische Kaufleute auf dem Weg in die Gebiete nördlich der Elbe durch Bardowick reisen mussten. Dort wurden sie kontrolliert. Denn es war z. B. die Ausfuhr von Waffen verboten. Die Ilmenau war zu dieser Zeit erst ab Bardowick schiffbar, sodass die Stadt die Handelsverbindung zum offenen Meer darstellte.

Die Kirche in Bardowick, deren Erbauer Heinrich der Löwe gewesen sein soll

Bardowick war im Mittelalter mit seiner von einem Erdwall umgebenen Grundfläche von 1700 x 750 m wesentlich größer als Lüneburg. Auch das als Handelsort sehr bekannte Haithabu wird mit dieser Fläche um das Dreifache übertroffen. Der Name der Stadt erinnert an einen der ruhmvollsten Germanenstämme der Völkerwanderungszeit, die Langobarden.

Aus dem Jahr 965 ist, durch eine Schenkung Kaiser Ottos I., eine königliche Münze in dem Ort bekannt. Otto II. rechnete die Zollstelle als eine der bedeutendsten des Reiches. Aufgrund einer Auseinandersetzung zwischen Heinrich dem Löwen und Kaiser Barbarossa wurde die Stadt 1189 zerstört. Im

Vom romanischen Bau der Kirche in Bardowick ist noch die westliche Vorhalle vorhanden.

Gegensatz zu vielen anderen Städten wurde Bardowick nicht in alter Form wieder aufgebaut und verlor seine große Bedeutung. Die Hafenstädte Hamburg und Lübeck und das reiche Lüneburg traten die Nachfolge des Ortes an. Aufgrund weiterer politischer Veränderungen führte dann auch die Salzstraße an Bardowick vorbei.

Hinter Bardowick gab es einen aus heutiger Sicht niedrigen Heidehang. Die schwer beladenen Pferdefuhrwerke hatten es sehr schwer, dort hinaufzukommen. Kurz vor der Höhe gab es aber für die Fuhrleute und für die Pferde einen kühlen Trank aus dem sog. „Gungelsbrunnen". Bereits Ende des 15. Jahrhunderts soll es hier fünf schwefelhaltige Quellen gegeben haben, die selbst Kranke geheilt haben. Das Wasser war von „temperierter Natur, hell und klar wie Kristall, mehr spiritualisch als komporalisch und wurde nicht faul", wie ein Chronist es überliefert hat. Die Quellen sind mehrfach versiegt, doch irgendwann lieferten sie immer wieder Wasser. Heute sind sie kein Wasserlieferant mehr. Eine Überlieferung erzählt, dass ein Mörder seinen blutigen Dolch darin gewaschen hat – seitdem soll dort kein Wasser mehr geflossen sein. Der Gungelsbrunnen gehört zu den bekannten (vermutlich salzhaltigen) Heilquellen, die in der Geschichte ihren Platz gefunden haben. Denn zu dem Brunnen sollen Hunderte von Menschen gepilgert sein, um Heilung zu erfahren. Aus dem Jahr 1647 gibt es einen Kupferstich von Wilhelm Schwan, der dieses darstellt. Heute führt hier der Elbepilgerweg vorbei.

Die Salzstraße trifft dann auf den Ort Brietlingen. Ob es diesen Ort schon zu Zeiten der Langobarden gegeben hat, ist unsicher. Genau wie die Geschichte, dass sich hier Barbarossa während der damaligen Kriegszeiten mit Heinrich dem Löwen zu einer Unterredung getroffen haben soll. Aber auf jeden Fall gehörte dieser Landstrich zu den Gütern der Klöster in Lüne und Lüneburg. Der Abt des St.-Michaelisklosters in Lüneburg hatte hier ein Jagdrecht. Die erste urkundliche Erwähnung gab es im Jahr 1004.

Von der Geest geht es weiter in Richtung Marsch. Der Frachtweg verläuft in Richtung Elbe nach Lüderhausen, das direkt an der Neetze, einem Unterarm der Elbe, gelegen ist. Hier mussten die Reisenden über den Fluss. Geschützt wurde der Übergang durch eine Burg. Über die Elbe kam das Salz mittels einer Fähre und ab 1619 über eine Brücke. Beim Übergang musste ein Brückengeld bezahlt werden. Nur „fürstliche Personen und Gesandte" waren davon ausgenommen. Die erste urkundliche Erwähnung des Ortes stammt aus dem Jahr 1330. Zu dieser Zeit soll es zwei Hofstellen gegeben haben. Der Neetzeübergang verschaffte den Anwohnern gute Einnahmen, sodass der Ort wuchs. Im Jahr

1450 war er bereits auf zehn Hofstellen ange-
wachsen. Die Burg, die den Übergang über
die Elbe geschützt hat, wurde 1650 abgerissen. Heute sieht man aber noch Reste des
Burggrabens an der alten Dorfstraße.

Schließlich erreicht die Salzstraße bei Artlenburg die Elbe. Heute geht der gesamte
Verkehr über die Elbbrücke bei Lauenburg,
aber zu Zeiten der Salzstraße übernahm die
Querung eine Fähre. Diese Stelle bot schon

Vor der Eindeichung erfolgte bei Artlenburg die Durchquerung der Elbe.

viel früher eine günstige Möglichkeit, die Elbe zu überqueren. Schon Tiberius war an dieser Stelle mit seinem Heer vorbeigekommen. Heinrich der Löwe hatte hier 1147 für seinen Kreuzzug gegen die Wenden einen Stützpunkt errichtet. Nach dem Sturz Heinrichs wollte sein Nachfolger Herzog Bernhard I. die Elbquerung an seine Lauenburg verlegen. Aber die Lübecker konnten das mit ihrem Einspruch verhindern.

Vor Brücke und Fähre war in der Elbe an dieser Stelle eine Furt. Die Sandbänke, die einen Übergang ermöglichten, entstanden durch die Strömung der Oberelbe und den Flutstrom der Unterelbe, die in Höhe Artlenburgs aufeinandertrafen. Artlenburg selbst liegt auf einer Sandhöhe, die hoch genug war, um auch vom Hochwasser der Elbe nicht erreicht zu werden. Die Marschlandschaft rund um den Ort wurde durch friesische und holländische Deichbauer geschaffen, die im 13. Jahrhundert von den Lüneburger und Lauenburger Herzögen beauftragt wurden. Vorher gab es nur wenige Deiche. Durch diese Arbeiten veränderte sich auch das Bild der Elbe. Die Strömung nahm zu und die Sandbänke verlagerten sich. Zum Übersetzen wurde nun eine Fähre benötigt. Diese Aufgabe übernahmen Kähne und Prähme. Die gute Lage wurde wieder für das Erheben eines Zolls genutzt. Dass der Übergang über die Elbe nicht ganz ungefährlich war, kann sich selbst der heuti-

Blick von der Hohen Geest bei Sandkrug auf die Marschlandschaft um Artlenburg

ge Besucher noch vorstellen. Bei starker Strömung oder Eisgang war das Übersetzen ein Abenteuer. Den Fährverkehr gab es noch bis ins Jahr 1964. Dann wurde er unwirtschaftlich und eingestellt. Damit gingen 700 Jahre Fährgeschichte zu Ende.

Gesichert wurde der Übergang bereits früh durch die Ertheneburg, einst auch „Striepenburg" genannt. Von dieser Bezeichnung leitet sich der Ortsname selbst ab. Die Burg wurde auf dem nördlichen Ufer von Heinrich dem Löwen errichtet. Sie lag an einer der eiszeitlichen Schmelzwasserrinnen, die als Wege benutzt wurden, und diente nicht nur dem Schutz des Übergangs, sondern auch dem Kassieren des Wegezolls von Fuhrleuten. Die Anlage wurde im Jahr 1026 das erste Mal erwähnt. Heinrich der Löwe steckte sie 1181, auf seiner Flucht vor Kaiser Friedrich Barbarossa, in Brand. Danach wurden die Burgreste abgetragen. Reste der Befestigungsanlage sind heute noch zu sehen. Dabei handelt es sich um einen bogenförmigen Ringwall auf

Die Reste der Ertheneburg auf der hohen Geest

einer Fläche von 65 x 100 m, der von einem Graben umgeben ist. Die letzte Vertiefung der Gräben hat wahrscheinlich im 11. bis 12. Jahrhundert stattgefunden. Die Burg hatte eine beherrschende Lage am Elbübergang. Die St.-Nikolai-Kirche gilt als Bestandteil der Befestigungsanlage an der Alten Salzstraße, die den Elbübergang geschützt hat. Über 1000 Jahre alt ist das Fundament des Turmes und ähnelt stark dem Dom von Bardowick. Im Inneren der Kirche fällt auf, dass der Altar sich an der Längsseite der Kirche befindet – ein ungewöhnlicher Anblick.

Im Lauf der Jahrhunderte wurde Artlenburg immer wieder von Katastrophen getroffen, von Bränden, Kriegen und Plünderungen.

Die St.-Nikolai-Kirche in Artlenburg

Von Lauenburg nach Hornbek

Wer mit der Fähre von Artlenburg Richtung Norden die Elbe überquerte, sah als Erstes das hohe Ufer auf der anderen Seite. Die Geest reicht an dieser Stelle bis direkt an die Elbe, und wenn die Natur nicht durch Erosion zwei natürliche Rinnen geschaffen hätte, wäre das Steilufer nicht zum Anlanden einer Fähre geeignet gewesen. Aber trotz dieser Wege vom Strand auf die Geest war die Stelle bei den Fuhrleuten nicht beliebt. Denn um die schweren Salzwagen auf dem weichen Sandboden dort hochzuziehen, waren vier und mehr Pferdegespanne nötig.

Im Gasthaus „Alter Sandkrug" in der Nähe der Fährstelle konnten die Fuhrleute sich von diesen Anstrengungen wieder erholen. Heute ist nur der Name erhalten geblieben. Um 1900 brannte das historische Gebäude ab und viele Dokumente aus der Zeit der Salzstraße gingen verloren. Vermutlich diente der „Krug" auch als Herberge. Eine Pferdewechselstation war er aber nicht. Die Post z. B. wechselte in Artlenburg die Pferde.

Der Weg von der Elbe über den Hohlweg hinauf auf die Geest ist auch heute noch sehr steil.

Lauenburg wurde vom Landweg der Salzstraße nicht berührt, dieser führte am Ort vorbei. Aber mit dem Stecknitzkanal wurde

Der Weg von der Elbe hinauf auf die Geest ist sehr steil.

Lauenburg dann für die „nasse" Salzstraße ein wichtiger Ort.

Seit Gründung der Stadt diente sie Reisenden, Pilgern und Mönchen, Händlern und Soldaten als Anlaufstelle. Der „Rufer", Wahrzeichen der Stadt, begrüßt und verabschiedet die Reisenden am Ruferplatz. Die Figur ist vom Standort eines Binnenschiffers aus gut zu erkennen, was auf die große Bedeutung der Elbe in der Stadtgeschichte hinweist.

Den Anfang nahm die Stadt Lauenburg 1181/82 mit der Löwenburg, die von Bernhard von Askanien errichtet worden sein soll. Als wichtiger militärischer Stützpunkt der neuen Landesherrschaft war die Anlage in den Folgejahren häufig umkämpft. Am Fuß der Burg hatte sich eine Siedlung gebildet. In der Zeit von 1190 bis 1864 wurde hier auch Elbzoll erhoben. Und trotz der Bemühungen von Bernhard I. wurde der Elbübergang nicht von Artlenburg nach Lauenburg verlegt. So blieb der Übergang der Salzstraße in Artlenburg, und Lauenburg profitierte nicht vom Landtransport des Salzes.

Im 15. Jahrhundert wurde die Burg von Herzog Johannes IV. in ein Schloss umgebaut. Ein Großbrand vernichtete 1616 viele Teile des Schlosses, aber die Reste sind noch auf dem Schlossberg sichtbar. So ist der mächtige Geschützturm ein weiteres Wahrzeichen. Über die Stadtgründung gibt es unterschied-

liche Meinungen. So gehen einige auch davon aus, dass Lauenburg von den Dänen gegründet wurde. Erstmalig urkundlich erwähnt wurde die Stadt im Jahr 1209, und kurz danach begann der Bau der Maria-Magdalenen-Kirche. Im Jahr 1260 wurde das Stadtrecht an Lauenburg vergeben. Ende des 14. Jahrhunderts begann der Transport von Salz und auch Kalk in Richtung Lübeck mit Eröffnung des Stecknitzkanals. Das mittelalterliche Lauenburg war damals bereits ein wichtiger Handelspunkt am Kanal, der dort von der Elbe abzweigt. Die im Jahr 1635 gegründete Schifferbrüderschaft belegt die Bedeutung der Schifffahrt für die Stadt Lauenburg.

Der Rufer – Symbol für über 700 Jahre Schifffahrt in Lauenburg

In Lauenburg östlich von Schnakenbek begann die „nasse Salzstraße".

41

Am Ruferplatz, der früher der Dampferplatz war, liegt ein weiteres Symbol der Stadt. Der über 100 Jahre alte Raddampfer „Kaiser Wilhelm" fährt von hier zu Ausflugsfahrten auf der Elbe ab. Das Schiff ist einer der letzten noch fahrenden kohlebefeuerten Schaufelraddampfer in Deutschland und weltweit einer der letzten im weithin original erhaltenen Zustand.

Besonders sehenswert ist die Lauenburger Altstadt mit ihren Fachwerkhäusern aus dem 16. bis 19. Jahrhundert. Die vermutlich älteste Straße der Stadt, die Elbstraße, gibt Zeugnis vom blühenden Geschäftsleben Lauenburgs.

In Lauenburg wurde in der Zeit von 1390 bis 1398 die sogenannte Palmschleuse, die älteste Kessel- bzw. Kammerschleuse Europas, aus Holz errichtet. Sie ist mit zwei Toren konstruiert, dazwischen ein Kessel, in dem das Wasser aufgestaut wurde. 1724 wurde die hölzerne Konstruktion durch eine aus Stein ersetzt. Zu dieser Zeit wurde auch das Schleusenmeisterhaus errichtet. Die Schleuse war bis in das Jahr 1900 in Betrieb. In Schnakenbek wohnten zur großen Zeit der Salzstraße sehr viele Fuhrleute. Vor allem im Winter, wenn die Männer nicht in der Landwirtschaft benötigt wurden, verdienten sie sich ihr Geld als „Spediteure". Im Gegensatz zu den Artlenburgern, die aufgrund ihrer Deichpflicht nie länger das Gebiet verlassen

Die Palmschleuse, benannt nach dem um 1600 amtierenden Schleusenmeister Palm

durften, konnten die Schnakenbeker die Transportaufgaben übernehmen. Im Winter war die Elbe auch oft genug gefroren, sodass keine Fähre benötigt wurde, um den Fluss zu überqueren. Zu dieser Zeit gab es natürlich noch keine Landkarten im heutigen Sinne. So wurde die Kenntnis des richtigen Weges oft vom Vater an den Sohn weitergegeben.

Von Schnakenbek führt die Alte Salzstraße über den Hornbeker Mühlenbach weiter nach Lütau. Die Landschaft rund um den Bach war früher unter dem Namen „Sadelbande" bekannt. Der Begriff entstand aus dem slawischen „sa Delbende", was einfach „jenseits der Delvenau" bedeutet. Der Bach ist 7 km lang und fließt heute bei Hornbek in den Elbe-Lübeck-Kanal. Vor 1900 floss er in die Delvenau. Die Salzstraße überquerte den Mühlenbach auf dem sogenannten Mühlendamm. Bekannt ist der Hornbeker Mühlenbach vor allem, weil er seit 810 Teil des Limes Saxoniae – der unbefestigten Grenze zwischen den Sachsen und den Slawen – war. Weiter geht's über eine Anhöhe und dann mit Gefälle in Richtung Lütau ins Tal der Linau. Dieses Stück der Salzstraße blieb seit dem Mittelalter unverändert. Seit dem 18. Jahrhundert ist vermutlich das Kopfsteinpflaster schon vorhanden. So steht es in einem Dienstregister des Amtes Lauenburg.

Der Verlauf der Bundesstraße 209 kurz vor Lütau entspricht genau dem Verlauf der

Limes Saxoniae – Stein am Mühlenbach in Hornbek

Salzstraße. Lütau selbst, gegründet von dem Grafen Reinhold von Dithmarschen, existiert auf jeden Fall seit dem Jahr 1160, wie man in dem aus dieser Zeit stammenden Zehntregister des Bischofs von Ratzeburg (1229–1235) nachlesen kann. Es könnte aber auch schon früher bestanden haben. Aufgrund des ursprünglichen Namens „Lutowe" könnte der Ort auch von slawischen Bauern gegründet worden sein.

Am höchsten Punkt des Dorfes steht die Kirche. Der untere Teil des Kirchturms besteht aus Feldsteinen und stammt vermutlich aus dem 13. Jahrhundert.

An dieser Stelle traf der Reisende einst auf eine Zollstelle und damit eine weitere fürstliche Einnahmequelle. Im Gegenzug wurde ihm Schutz gegen Raubüberfälle und die Reparatur des Weges zugesichert. Diese Aufgaben mussten die Bauern rund um Lütau übernehmen. Die hatten allerdings nicht nur Pflichten, sondern konnten die Salzstraße auch zu ihrem Vorteil nutzen, indem sie Wagen und Pferde an die weniger wohlhabenden Händler vermieten oder sich selbst als Fuhrleute auf den Weg machten.

In Lütau gibt es heute das Zugpferdemuseum. Hier wird die Geschichte der Pferdefuhrwerke dargestellt, ohne die der Verkehr auf der Salzstraße gar nicht möglich gewesen wäre. Das Miteinander von Fuhrmann und Pferd wird entsprechend gewürdigt.

Denn ohne das Netzwerk dieser Transporte wäre die Entwicklung unserer Städte und Dörfer, die Kultivierung der Landschaft und der Transport von Gütern und Personen nicht möglich gewesen.

Aus Lütau hinaus geht's über die Furt der Linau geradewegs nach Pötrau. Ein ganzes Stück der alten Strecke ist allerdings nicht mehr zu sehen. Sie wurde „Opfer" der Flurbereinigung. Erst zwischen Witzeeze und Franzhagen ist die Salzstraße wieder zu erkennen.

In Witzeeze erinnert das Dorfwappen, das einen Frachtwagen zeigt, an die Zeit der Salzstraße. Die Dückerschleuse zeugt noch von dem Salztransport auf dem alten Stecknitz-kanal. Das erste Mal wurde der Ort als „Wutsetse" (im Jahr 1230) urkundlich erwähnt, ebenfalls im Ratzeburger Zehntregister, das Auskunft über die Abgabe der Region gibt. Der Name ist slawischen Ursprungs und die Übersetzung „das Umgehauene" lässt vermuten, dass erst umfangreich Bäume gefällt werden mussten, um hier Platz für die Siedlung zu schaffen. Neuere Funde lassen aber vermuten, dass auch Witzeeze schon wesentlich früher bestanden haben muss.

Zu Beginn des 13. Jahrhunderts befanden sich hier 20 Hofstellen. Damit war der Ort für diese Zeit schon sehr groß. 1630, im Dreißigjährigen Krieg, wurde das Dorf von den abziehenden Truppen Tillys zerstört.

Nächste Doppelseite: Die Dückerschleuse wurde 1398 als „Kronschleuse" in Betrieb genommen.

Wieder aufgebaut, wurde es 1636 von den Schweden verwüstet.

Die Bedeutung Witzeezes wuchs nicht nur mit der Salzstraße auf dem Landweg, sondern auch mit der auf dem Wasserweg. Hier entstand die Dückerschleuse, eine Stauschleuse, die heute eines der ältesten Denkmäler der Stecknitzfahrt darstellt. Sie wurde 1398 in Betrieb genommen. Der Neubau aus Stein stammt aus dem Jahr 1789. Dazu gehört ein Schleusenmeisterhaus, das 1720 gebaut wurde und das gleichzeitig Gasthaus und Schankwirtschaft war.

Der letzte Schleusenmeister an der Dückerschleuse war Friedrich Burmester, der noch bis 1939 für das Passieren seines Grundstücks einen Wegezoll verlangte.

Mit dem Bau des Elbe-Lübeck-Kanals entstand in Witzeeze eine neue Schleuse.

Von 1945 bis 1990 verlief die innerdeutsche Grenze entlang der Delvenau und mitten durch die ehemalige Schleuse.

Das Schleusenmeisterhaus von 1720

In der Nähe von Pötrau verlässt die Salzstraße das Tal der Steinau und führt in nördlicher Richtung nach Hornbek.

Pötrau liegt an einem Heerweg, der hier über die Delvenauniederung nach Osten abbog. Dieser verlief quer über die Delvenauniederung nach Büchen und weiter über Bröthen zum Forstkrug. Durch eine Furt ging es über den Mühlenbach.

Im Ratzeburger Zehntregister von 1230 ist über Pötrau vermerkt: „Pötrau steht ganz mit Steuer und Zehnten dem Bischof zur Verfügung. Dieses Freigut übertrug Herzog Heinrich (der Löwe) mit allem Rechte dem Ratzeburger Bischof, weil er, als er das erste Mal mit seinem Heer das Land betrat, in der ersten Nacht dort sein Nachtlager hielt und dieses erste Opfer Gott und der heiligen Jungfrau brachte."

Pötrau wird das erste Mal im Jahr 1158 in einer Dotationsurkunde erwähnt, als Heinrich der Löwe es dem Bistum Ratzeburg schenkte. Hinter der Delvenau erreicht die Salzstraße die Anhöhe des Dorfes Büchen, das um 1250 als Wallfahrtsort bekannt wurde. Die erste Erwähnung des Ortes als „Boken" (Buchen) im Ratzeburger Zehntregister stammt bereits aus dem Jahr 1230. Das Marienbild in der um 1200 gebauten Marienkirche wurde zum Sinnbild für all diejenigen, denen die Medizin nicht mehr helfen konnte. Diese Zeit der Wallfahrt hielt sehr

Neue Schleuse Witzeeze im Elbe-Lübeck-Kanal

lange an. Im 15. Jahrhundert wurde wegen der vielen Besucher das Hallenschiff der Kirche erheblich erweitert. Das Marienbild kann leider nicht mehr bewundert werden, es verschwand im Dreißigjährigen Krieg. Aber der Schrein, in dem es einst aufbewahrt wurde, ist heute noch zu besichtigen. Die Kirche, eine frühgotische, dreischiffige Hallenkirche aus Backstein, wurde von 1240 bis 1250 erbaut und Ende des 15. Jahrhunderts um einen dreijochigen Hallenchor erweitert. Im Innern, an den Langhausgewölben und Bogenlaibungen, befinden sich sehr schöne Malereien.

Gegenüber der Kirche wurde um 1649 die sogenannte Priesterkate gebaut. Da die Bewirtschaftung von kirchlichem Grundbesitz eine der Einnahmequellen der Kirche war, wurde das Haus auch landwirtschaftlich genutzt. Es ist das älteste datierte landwirtschaftliche, unter Denkmalschutz stehende Gebäude im Herzogtum Lauenburg und seit seiner Restaurierung Kulturtreffpunkt und Austellungsort.

Das heutige Büchen-Dorf, der historische Ortskern, hatte schon früh eine zentrale Bedeutung als Markt-, Kirchspiel- und erst später als Wallfahrtsort. Mit seiner zentralen Lage im Herzogtum Lauenburg war es auch Versammlungsort für die Landtage der Ritter- und Landschaft.

Weiter führt die Salzstraße nach Siebenei-

chen – für die Fuhrleute damals ein sehr schweres Stück Weg. Denn hier war der Boden besonders sandig und damit sehr schwer zu befahren. Die Bauern konnten auch immer nur geringe Erträge auf den Feldern erwirtschaften. So entstand wohl auch der Ausdruck „dat letzte Lock vör de Höll" – das letzte Loch vor der Hölle – für diesen Ort.

Wie so viele andere Orte auch wurde Siebeneichen im Jahr 1230 erstmalig im Ratzeburger Zehntregister erwähnt. Aber es findet sich auch noch ein Hinweis aus dem Jahr 1211 auf Siebeneichen. Genannt wird Eberhardt von Seueneken in der Gefolgschaft des dänischen Statthalters Albrecht von Orlamünde.

Die Erwähnung im Zehntregister bezeichnet den Ort noch als „Soveneken". Der Name ist deutschen Ursprungs. Im Bereich Siebeneichen ist keine slawische Besiedlung bekannt. Die Kirche mitten im Ortskern gehört zu den ältesten Kirchspielen in dieser Region. Die erste Kirche hat hier Ende des 12. Jahrhun-

Die Priesterkate in Büchen-Dorf wurde im Jahre 1649 erbaut.

Im Gestühl der Kirche in Siebeneichen stehen noch die Bänke der Stecknitzfahrer.

derts gestanden, aber Mitte des 18. Jahrhunderts war diese so baufällig, dass sie abgerissen werden musste. Unter dem Patronat des Gutsbesitzers zu Wotersen, Johann Hartwig Ernst von Bernstorff, entstand im Jahr 1753 die heutige Johannis-Kirche als ein lang gestreckter, spätbarocker Feldsteinbau. Der Turm brannte 1909 ab. Der neue Turm ist mit einer Höhe von 33 m weithin sichtbar.

Im Eingangsbereich des Pastorats befindet sich der „botterweike" Stein, um den sich einige Legenden ranken sollen.

Die Kirche in Siebeneichen war eine Kirche der Stecknitzfahrer. Diese richteten sich ihre Fahrten so ein, dass sie zu den Sonn- und Feiertagen möglichst den Gottesdienst besuchen konnten. Es finden sich noch zwei Bänke, die mit dem Symbol der Stecknitzfahrer, je ein Staken und Bootshaken miteinander gekreuzt, versehen sind.

Von Siebeneichen geht es weiter auf der Salzstraße in Richtung Norden. Hier traf auch der kürzere Nebenweg der Salzstraße, der über Franzhagen, neue Mühle und Steinkrug verlief, wieder auf die Hauptstrecke.

Bei Siebeneichen führt eine Seilzugfähre über den Elbe-Lübeck-Kanal. Sie gilt als kulturhistorisches und heimatgeschichtliches Denkmal. Seit 1960 ist sie wieder in Betrieb. Die erste Fähre gab es hier schon 1900, als der Kanal eingeweiht wurde.

Als Nächstes trifft der Reisende auf Hornbek. Das Dorf wurde als germanischer Rundlingsbau angelegt. Die Salzstraße führte jedoch nicht durch den Ort, sondern östlich und westlich an ihm vorbei. Im Osten ging es über einen Damm am aufgestauten Mühlbach vorbei, der für die Wasserversorgung der Mühle sorgte. Dieser Weg ist seit 1391 bekannt, im selben Jahr wird auch die Wassermühle das erste Mal erwähnt.

Erst seit dem Jahr 1720 führt ein Weg durch Hornbek. Grund dafür ist, dass die Form des Ortes ohne direkten Weg einen natürlichen Schutz gegen Überfälle geboten hat.

Hornbek ist einer der ältesten Ortsnamen im Bereich Lauenburg. Bereits 1070 findet sich in einer Kirchengeschichte eine Erwähnung

Seit über 100 Jahren gibt es in Siebeneichen eine Seilzugfähre.

als Festpunkt des Limes Saxoniae (Grenzbefestigung zwischen Sachsen und Polabien). Auch die Siedlungsform ist als Hinweis auf das lange Bestehen des Ortes zu deuten.

1391 wurde Hornbek vom Rat der Stadt Lübeck gekauft, um die Sicherheit auf der Salzstraße in diesem Bereich zu gewährleisten. 1747 wurde der Ort aber an Lauenburg abgetreten, denn mit dem Stecknitzkanal verlor der Landweg an Bedeutung, sodass Lübeck die Straße nicht mehr benötigte. Durch das Woltersdorfer und Breitenfelder Moor führt der Weg in Richtung Mölln. Im Breitenfelder Moor näherte sich die „trockene" der „nassen" Salzstraße – dem Stecknitzkanal. Für ein paar Kilometer verliefen beide Handelswege nebeneinander. An der Hanenburgschleuse überquerte die Landstraße schließlich den Kanal und nahm ihren Weg in Richtung des Möllner Steintores.

Von Mölln nach Ratzeburg

Mölln, mit seiner Lage zwischen den Seen und Hügeln, war im Mittelalter Kreuzung wichtiger Handelswege. Die Stadt war früher stark befestigt, aber von der Stadtmauer sind nur wenige Teile erhalten geblieben. Eine erste urkundliche Erwähnung Möllns findet sich in einem Schriftstück Kaiser Friedrich Barbarossas aus dem Jahr 1188.

Vor Mölln verläuft der Stecknitzkanal, die „nasse" Salzstraße, parallel zum Landweg.

Lübeck wird darin der Einfluss „ad stagnum mulne", also bis zum Möllner See, zugesichert. Mölln hat eine wechselhafte Geschichte, denn von 1202 (dem Jahr des Lübecker Stadtrechts) bis 1945 wechselte die Stadt zwölfmal den Besitzer. Ein Grund für den stetigen Wechsel ist die damalige sehr günstige Lage der Stadt, die von hoher wirtschaftlicher und strategischer Bedeutung war. Die lauenburgischen Herzöge, die zu der Zeit stark verschuldet waren, verpfändeten Mölln im Jahr 1359 für 9737 $\frac{1}{2}$ Lübsche Gulden an Lübeck, in dessen Besitz es bis 1683 verblieb. Aus dieser für Mölln sehr prägenden Zeit sind heute noch das Rathaus aus dem Jahr 1373 und der Stadthauptmannshof

erhalten. Zum Stadthauptmannshof gehören allerdings noch Bauten aus den Jahren 1411 und 1550.

Den Mittelpunkt der Stadt bildet die Stadtkirche, die auf einem Hügel steht und von allen Seiten als markantes Zeichen gut zu sehen ist. Sie wurde zwischen 1210 und 1250 gebaut und ist dem heiligen Nikolaus – dem Schutzheiligen der Fischer und Schiffer – geweiht.

In der Kirche befindet sich noch das prachtvolle Gestühl der Stecknitzfahrer (Gilde der Schiffer auf dem Stecknitzkanal). Vor dem Kirchturm auf der Westseite liegt die Grabplatte, auf der eine alte Inschrift verkündet, dass hier Till Eulenspiegel, der unsterbliche

Mölln lag am Schnittpunkt aller Salzwege.

Inschrift der Stecknitzfahrer am Gestühl in der Möllner St.-Nicolai-Kirche

Schalknarr, ruht. Er starb in Mölln im Jahr 1350 an der Pest. Der Sage nach entglitt der Sarg bei der Beerdigung den Trägern und blieb aufrecht stehen. Das Grab wurde dann schnell zugeschaufelt. Heute steht hier die Eulenspiegel-Linde und Till Eulenspiegel wartet nun im Stehen auf den jüngsten Tag.

In der Nähe der Friedhofsmauer, am Markt, befindet sich der Till-Eulenspiegel-Brunnen. Es wird berichtet, dass, wer den Daumen der Figur herzhaft drückt, immer wieder nach Mölln zurückkehren wird. Erschaffen hat den Brunnen der Bildhauer Karl-Heinz Goedtke.

Mölln hat sicherlich auch stark vom Salzhandel profitiert. Bereits im Jahr 1237 wird

Der Eingang zum Gestühl der Stecknitzfahrer mit Inschrift

von Salzprahmen bei Mölln berichtet. Aber auch der Durchgangsverkehr der Salzstraße hat viel Arbeit in die Stadt gebracht.

Am Marktplatz finden sich noch viele Fachwerkhäuser.

Das Rathaus ist ein spätgotischer Bau mit blendengeziertem Staffelgiebel und Zierfriesen. Am Untergeschoss, das früher eine Kaufmannshalle enthielt, wurde im Lauf der Jahre noch eine Gerichtslaube angefügt.

Von 1359 bis 1683, Möllns „Lübecker Zeit", stand Mölln unter Lübecks Schutz und konnte am Wohlstand des Handels teilhaben. Lübeck kaufte Mölln, um die Salzstraße zu sichern und zu schützen, und ließ es zu einer „Festung an der Salzstraße" ausbauen. Eine Vorstellung dieses Baus vermittelt das Epitaphbild aus dem Jahr 1578.

1683 ging die Stadt wieder auf die Lauenburger Herzöge über. Die Wehranlagen wurden demontiert oder verfielen immer mehr. Sie entsprachen auch nicht mehr der damaligen Kriegstechnik. Durch die immer größere Reichweite der Geschütze waren diese Anlagen nicht mehr zum Schutz der Stadt geeignet.

Die Salzstraße verließ Mölln Richtung Norden über eine Brücke. Die erste Brücke wird 1346 erwähnt. Sie wurde im Lauf der Jahre mehrfach neu gebaut. Zuletzt, ab 1831, sicherte eine Steinbrücke den Übergang. Diese wurde 1981 abgerissen.

In der Möllner Altstadt stehen viele sorgfältig restaurierte Fachwerkhäuser.

Hinter Mölln führt die Salzstraße durch den heutigen Naturpark Lauenburgische Seen, der, 1961 gegründet, einer der ältesten Naturparks in Deutschland und mit einer Fläche von 47 400 ha einer der größten in Schleswig-Holstein ist. In dieser Seenlandschaft ist der Schaalsee mit einer Fläche von 2400 ha der größte See, und mit einer Tiefe von 71,5 m der tiefste See in Norddeutschland.

Die Verbindung von Wald und Wasser bietet dem Besucher einmalige Naturerlebnisse und zahlreiche Freizeitmöglichkeiten. Auf dem Weg von Mölln Richtung Norden ist ein Stück der alten Salzstraße erhalten geblieben und vermittelt einen Eindruck von der damaligen Verkehrssituation. Vom Marienwohlder Parkplatz geht es über einen künstlichen Hohlweg 2 km zum Boizenburger Frachtweg.

Der Boizenburger Frachtweg ist einer der ältesten Abschnitte der Alten Salzstraße. Er kam von Boizenburg und Heidekrug und erreichte bei Fortkrug lauenburgisches Gebiet. Am Ortsrand des Lestener Moores verlief er durch Lesten und Besenthal zum Wasserkrug, wo das tief eingeschnittene Tal der Hellbek in einer Furt durchfahren wurde, und dann geradewegs nach Fredeburg. Eine Abzweigung führte vom Wasserkrug nach Mölln.

Fredeburg war zur Zeit der Salzstraße als

Hauptpass einer Landwehr von Bedeutung. Vor allem als die Lübecker Mölln gekauft hatten und damit für den alleinigen Schutz der Salzstraße verantwortlich waren, wurde Fredeburg ab dem Jahr 1350 stark ausgebaut. Der Ausbau der Stadt sollte vor allem gegen die mecklenburgischen Ritter schützen, die immer wieder dort einfielen. Der Verlauf der Landwehr war durch das Tal westlich von Farchau, den lang gezogenen Ziegelbruch bei Fredeburg und den Oberlauf des Pirschbaches gekennzeichnet.

Der wichtigste Durchgang bei Fredeburg wurde durch einen Bergfried geschützt. Begonnen hatte man den Bau mit Holz, dann jedoch durch Überfälle immer wieder zerstört, wurde er jedes Mal stabiler und aus Stein wieder aufgebaut. Im Jahr 1408 wird er als „Vredeborch" urkundlich erwähnt. Zu sehen ist vom Burgfried heute nichts mehr.

Bis nach Ratzeburg gelangte man auf der Salzstraße nicht, sie lief an der Stadt vorbei. Trotzdem war die wunderbar im Ratzeburger See gelegene „Inselstadt" zur Zeit der Salzstraße eine der wichtigsten Städte. Seit Jahrhunderten führt ein fester Damm vom westlichen Stadtteil auf die Stadtinsel. Die Kirche auf der St. Georgsberger Höhe vom Ende des 13. Jahrhunderts ist die älteste Stätte des Christentums im gesamten Landschaftsraum. Bereits im 11. Jahrhundert soll an dieser Stelle ein Kloster gestanden haben.

Der Ratzeburger Dom wurde um 1220 vollendet und zur ehemaligen Dompropstei.

Die Christianisierung war schon früh mit der Entwicklung der Stadt verbunden. So soll bereits im Jahr 1044 der Mönch Ansverus, er kam aus dem Kloster Harsefeld bei Stade, in dieses Gebiet berufen worden sein. Er gründete das Kloster auf dem St. Georgsberg, aber bereits vier Jahre später, 1066, wurde bei einem Slawenaufstand alles Christliche in der Stadt vernichtet. Das Kloster wurde zerstört und der Abt und 18 weitere Bewohner wurden gesteinigt. Das „Ansveruskreuz" in Einhaus und bebilderte Tafeln im Dom und in der katholischen Kirche in der Fischerstraße erinnern noch heute an diese Tat.

Ratzeburg hat seinen Namen von einer Burg

„Racesburg", die vermutlich aus wendischer Zeit stammt, und kam 1062 als Schenkung Kaiser Heinrichs IV. an den Billunger Herzog Ordulf. Erwähnt wird dies in einer Urkunde. Der Name „Racesburg" ist vermutlich auf den slawischen Fürsten Ratibor,

Die Replik des Braunschweiger Löwen auf dem Ratzeburger Domhof

der „Ratse" genannt wurde und in einer Ringburg gelebt haben soll, zurückzuführen.

Das Jahr 1093 markiert ein weiteres sehr wichtiges Ereignis in der Geschichte Ratzeburgs. In einer Schlacht wurden die Ostseeslawen besiegt und das Kloster St.-Georgsberg und die Kirchen wieder aufgebaut.

Von 1619 bis 1656 war die Burg Residenz der Lauenburger Herzöge. Im Jahr 1690 wurde sie dann komplett abgerissen und bis zum Wasserspiegel abgetragen. Es sollte freies Schussfeld für eine Festung geschaffen werden. Herzog Georg-Wilhelm von Lüneburg-Celle ließ diese dann an der Westseite der Stadt errichten. Durch den Bau wurden die Dänen auf Ratzeburg aufmerksam und machten dem Herzog die Ländereien streitig. Sie beschossen die Stadt mehrere Tage lang und zerstörten sie fast völlig. Nur der Dom und ganz wenige Häuser blieben erhalten. Nach dem Wiederaufbau wurde die Stadt Ratzeburg Sitz des neu gegründeten Bistums.

Der romanische Dom, der mit Hilfe Heinrichs des Löwen gebaut wurde, liegt an der Nordseite der Insel. Unter dem Dom werden die Reste eines alten wendischen Heiligtums vermutet, das sich genau an dieser Stelle befunden haben soll. Der Dom, eine dreischiffige kreuzförmige Basilika, birgt im Inneren einige beeindruckende Kunstwerke. So das

um 1260 geschaffene Triumphkreuz vor dem hohen Altar oder die Passionstafel am Apostelschrank aus dem Jahr 1430. Auch der Kreuzgang ist sehr sehenswert.

Von Einhaus nach Lübeck

Einhaus, direkt an der Salzstraße gelegen, war für die Händler wieder ein Ort, an dem bezahlt werden musste. In Einhaus war es das „Grönauer Wegegeld". Was auf den ersten Blick etwas ungewöhnlich klingt, hat natürlich seinen Grund. Die Wege zwischen Mölln und Lübeck waren moorig und machten das Befahren mit den schweren Salzwa-

gen zum Teil unmöglich. Deshalb wurden die Wege mit klein geschlagenen Steinen und Sand befestigt. Das erste Stück dieser befestigten Straße befand sich bei Grönau. Das Wegegeld wurde erhoben, um die dortigen Arbeiten zu bezahlen. Und nach diesem ersten fertiggestellten Stück hieß die Abgabe dann „Grönauer Wegegeld". Die heutige Gaststätte „Zum Zoll" erinnert noch immer an die Abgabestelle.

Erstmals erwähnt wurde Einhaus im Jahr 1194 als „Ad unam Domum". Aus dem Jahr 1450 ist dann die Bezeichnung „tom Enenhuse" bekannt. Vermutlich war das „ene Hus" ein Zollhaus.

Das Wegegeld für die Salzstraße wurde ab

dem Jahr 1741 fällig und diente dem weiteren Ausbau der Steindämme. Fußgänger mussten jedoch nicht bezahlen. Die Aufhebung der „Wegegeld-Receptur" in Einhaus erfolgte zum Ende des Jahres 1852.

Die Salzstraße führt weiter nach Buchholz. Dabei hat der Ort Buchholz, das einzige Fischerdorf an der Salzstraße, sich wenig um den Verkehr auf der Salzstraße gekümmert. Die Einwohner lebten vom Fischfang und der Ort ist auch dem Ratzeburger See zugewandt. Verbindung mit Lübeck gab es dann aber doch, wenn auch nicht gerade in friedlicher Art. Die Ratzeburger Fischer stritten lange mit den Lübecker Fischern um die Fischereirechte im nördlichen Teil des Sees.

Die erste urkundliche Erwähnung des Ortes stammt aus dem Jahr 1277.

Nachdem Buchholz passiert wurde, geht es weiter nach Pogeez, das im Gegensatz zu Buchholz ein wichtiger Ort an der Salzstraße war. Der slawische Ortsname „Pogatse" bedeutet so viel wie „am Damm" oder „am Fa-

Im ehemaligen Fischerdorf Buchholz sind jetzt Segelboote beheimatet.

schinenweg". Die Niederung vor dem Ort wurde mit Faschinen befestigt, um für den Salzwagen einen festen Untergrund zu schaffen.

1228 wurde das Dorf von Albrecht, dem ersten Herzog von Lauenburg, dem Johanniterorden in Jerusalem geschenkt. Aber bereits 1250 wurde der Ort mit weiteren Dörfern an das Kloster Reinfeld verkauft und blieb bis 1482 in dessen Besitz. Danach wurde der Ort wieder lauenburgisch.

Für das Jahr 1783 ist in Pogeez eine Schmiede verzeichnet. Sie wird nicht nur den umliegenden Landwirten gedient haben, sondern auch den Fuhrleuten als Anlaufstation, denn für das Aufschlagen eines Hufeisens war

schon immer eine kundige Hand notwendig. Das Pferd hatte für den Salzhandel immer eine große Bedeutung, heute noch schön zu sehen an den vielen Pferdeköpfen an den Giebeln der Häuser an der Salzstraße.

Mit Pferdeköpfen verzierte Windbretter.
Das Pferd war zu Zeiten des Salzhandels das wichtigste Haustier.

Der Ort ist heute vor allem bekannt durch das bundesweit einzige Taucherausbildungszentrum der Bundespolizei.

Die nächste Station des Weges ist Groß Sarau. Eine Abzweigung der Via Regia führte über Hornstorf an der östlichen Seite des Blankensees vorbei und weiter nach St. Hubertus. An dieser Stelle traf der Weg wieder auf die Hauptstrecke.

In Blankensee gibt es ein Hünengrab, das auf die lange Besiedlungsgeschichte der Gegend einen Hinweis gibt. Es stammt aus der jüngeren Steinzeit und markiert den Wandel der Gesellschaft von den umherziehenden Sammlern zu einem sesshaften Volk, das sich von der Landwirtschaft ernährte.

In Groß Sarau gab es ein sehr bekanntes Wirtshaus, in dem die Fuhrleute eingekehrt sind – den „Nobiskrug". Für die Deutung des Namens gibt es viele Möglichkeiten. Eine, die zur Salzstraße passen würde, ist, den Begriff „noben" auf die Bedeutung „räumliche Enge" zurückzuführen. Vermutlich ist der Zustand gemeint, der zu den Hochzeiten der Salzstraße in den Herbergen herrschte. Aber es gibt viele weitere Übersetzungen des Begriffes.

Wer der Salzstraße von hier in Richtung Lübeck folgt, kommt nach Groß Grönau. Auch dieser Ort wurde im Jahr 1230 im Zehntregister des Ratzeburger Bistums zum ersten Mal erwähnt. Als Name ist „Gronowe" vermerkt.

Direkt an der Salzstraße gelegen ist der wuchtige Bau der St.-Willehad-Kirche. Der Bau wird auf die erste Hälfte des 13. Jahrhunderts geschätzt. Gewidmet wurde die Kirche dem ersten Bischof von Bremen, Willehad.

1571 kaufte Heinrich von Rantzau Groß Grönau und trug damit zum Aufblühen des Ortes bei.

Hier fanden auch religiös Verfolgte Zuflucht, wie dies auch von Friedrichstadt und Glückstadt bekannt ist. Der Aufschwung setzte sich fort, auch als der Ort 1624 an das askanische Herzogshaus ging. Die vielen Gasthäuser und Bäcker lassen darauf schließen, dass die Salzstraße zur Freude der Geschäftsleute genügend Leute in den Ort brachte. Im 17. Jahrhundert wurde Groß Grönau die Residenz von Herzog Franz Erdmann. Aus diesem Grund soll es das Rathaus, eine Münze, eine Buchdruckerei und ein Schloss gegeben haben. Diese Glanzzeit dauerte von 1654 bis 1677. Aber auch nach dem Weggang des Herzogs hielt die wirtschaftliche Blüte an, zahlreiche Handwerksbetriebe und Krüge waren sichtbare Zeichen dafür.

Über Klein Grönau führt die Salzstraße weiter durch eine Niederung bis zum Grönauer Schlagbaum, einem der Durchgänge der Lübecker Landwehr. Hier erreichten die Fuhrleute das Lübecker Gebiet. Die ältere Stre-

Die St.-Willehad-Kirche in Groß Grönau ist um 1230 gebaut worden.

79

cke des Salzweges traf die Landwehr an einer anderen Stelle. Am Krummesser Baum befand sich die zweite Passstelle der Salzstraße. Bis 1741 war dieser Durchgang die Hauptzufahrt in den Lübecker Bereich.

Diese ältere Route führte von Mölln nach Marienwohlde. Der Ort erhielt den Namen von einem Kloster, das vom Birgittenorden gegründet wurde. Dieses war reich an Ländereien und auch der Orden hatte große Reichtümer in seinem Besitz. Das Kloster wurde im Jahr 1413 gegründet, der Orden im 14. Jahrhundert durch Birgitta von Vadstena. Das Kloster befand sich unter Lübecker Schutz und wurde wirtschaftlich sehr stark. Viele Gebäude wurden in der Zeit von 1414 bis 1418 errichtet und auch Bälau und der halbe Anteil an Breitenfeld gehörten zum Anwesen. Darüber hinaus machten auch Kreditgeschäfte das Kloster vermögend, sodass es bereits 1424 Mutterkloster des Klosters Mariakron in Stralsund wurde.

1534 wurde das Kloster während der Grafenfehde aber komplett zerstört und es sind keine Reste mehr vorhanden. An seiner Stelle steht heute ein herrschaftliches Gutshaus. Vor der Entstehung des Klosters lag hier eine Burg. Der Ort hieß „Pezeke". Im 14. Jahrhundert soll diese Wehranlage der Überlieferung nach in der Nähe der schwarzen Kuhle gelegen haben. Die Anlage beherbergte das Raubrittergeschlecht von Zülen. Mitte des

14. Jahrhunderts wurde die Anlage wohl zerstört. Die Anhöhe der ehemaligen Burg und der Graben, heute „Spitzbubenbarg" genannt, sind noch zu sehen.

Auf der älteren Route gab es weitere Burgen in Behlendorf, Kulpin, Berkenthin und Kruppemsee – ein guter Hinweis auf die damaligen wohl sehr unruhigen Zeiten. Die Nutzer der Salzstraße mussten immer wieder mit Überfällen rechnen. Deshalb fuhren die Kaufleute wohl meistens in Wagenkolonnen, die aus bis zu 20 Fuhrwerken bestehen konnten. Pro Tag wurden 20 bis 30 km zurückgelegt. Was sich für uns heute sehr wenig anhört, war zu dieser Zeit schon eine beachtliche Leistung. Denn auf den unbefestigten und oft sehr sandigen Wegen konnten die schwer beladenen Wagen nicht mehr zurücklegen. Auch brachen regelmäßig Wagenräder.

In Behlendorf, der nächsten Station auf der älteren Route der Salzstraße, gab es im 14. Jahrhundert einen befestigten Hof. Andere Quellen sprechen von einer Burg, nördlich des heutigen Dorfes auf einer Halbinsel gelegen. Geschützt durch den See und nur über Zugbrücken erreichbar, bot er Lübecker Ratsherren auf ihrem Weg nach Süden Schutz und Unterkunft. Im 17. Jahrhundert standen zum Schutz des Anwesens auf der Wallanlage sogar zwei Kanonen. 1772 wurde die Anlage aber durch Blitzschlag und damit verbundenes Feuer komplett zerstört. Heute ist davon nichts mehr zu sehen.

In Richtung Hollenbek mussten die Fuhrwerke einen steilen Berg überwinden. Damit die Wagen überhaupt den Anstieg schaffen konnten, wurden zusätzliche Zugtiere vor die Wagen gespannt. Bergab wurden Seile am Wagen befestigt und diese durch Menschenkraft gebremst. Von dem Höhenzug hat man einen schönen Blick über das Stecknitztal.

Auch die erste urkundliche Erwähnung Hollenbeks aus dem Jahr 1230 findet sich im Ratzeburger Zehntregister.

Aus der Ferne ist Berkenthin schon gut zu sehen. Dorthin geht die Reise weiter. In Ber-

kenthin trifft die nasse Salzstraße – der Stecknitzkanal – auf den Landweg. Schleuse, Kirche und Brücken sind die markantesten Punkte des Ortes.

In der Nähe des alten Flussübergangs gab es vermutlich einen Adelssitz mit Wehrturm der Ritter von Parkentin. Die Kirche des Ortes erhebt sich auf einem Hügel und der vierkantige Kirchturm ist sogar breiter als das Kirchenschiff selbst. Auf dem Friedhof stehen vier Granitsäulen mit den Symbolen der Stecknitzfahrer. Sie kennzeichnen den Begräbnisplatz, der für Flussschiffer reserviert war.

Die erste Erwähnung stammt aus dem Jahr 1230, aus dieser Zeit ist auch die frühgotische Maria-Magdalenen-Kirche. 1194 findet sich ein Hinweis in einer Steuerliste auf eine Kirche in Berkenthin, also könnte es die Kirche auch schon zu dieser Zeit gegeben haben. Die Herkunft des Kirchennamens ist nicht vollständig geklärt. Vorstellbar ist, dass die Flussschiffer, die sich selbst Maria-Magdalenen-Brüderschaft der Stecknitzfahrer nannten, hier ihren Gottesdienst abhielten.

Berkenthin besaß auch eine der Stecknitz-Schleusen. Sie wurde vor 1390 erstmalig gebaut. Weitere Neu- bzw. Umbauten sind für die Jahre 1618, 1680, 1807 und 1862 bekannt. Im Jahr 1680 wurde die Schleuse zu einer steinernen Stauschleuse vergrößert. Bis auf 6,56 m über NN konnte das Wasser

Stele der Stecknitzfahrer (1862) an der Dorfkirche in Berkenthin

hochgestaut werden. Der niedrigste Wasserstand nach dem Öffnen betrug 2,26 m, die Durchfahrtsweite 4,69 m.

Rondeshagen wird von der nassen Salzstraße nur berührt. Der Stecknitzkanal führte über 500 Jahre direkt am Ort vorbei. In etwa 50 bis 100 m Entfernung vom heutigen Elbe-Lübeck-Kanal befinden sich noch Überreste der alten Stecknitz. Der Verlauf des Flusses ist auch heute noch zu erkennen. Zum Kanal hin gibt es eine Abbruchkante, die etwa 4 bis 6 m hoch ist. Wandert man an dieser Kante entlang, verfolgt man den Lauf der frühen Stecknitz, die nur zum Teil ins neue Kanalbett integriert ist. Die meisten Flusswindungen sind im Laufe der letzten 110 Jahre verlandet, aber Rodeshagen kann immerhin noch zwei intakte Flussreste aufweisen. Einer liegt in der Verlängerung des Ringreiterweges.

Von Berkenthin kommend trifft die Salzstraße nun auf Krummesse. Der Ort hatte einst eine sehr große strategische Bedeutung. Wer ihn besaß, kontrollierte Land- und Wasserweg. Gesichert wurde der Ort durch eine Burganlage. Sie stand auf einem Hügel westlich der Stecknitz und sollte die Salzstraße vor Raubrittern schützen.

Die Kirche in Krummesse gilt als „Schmuckstück unter den Dorfkirchen des Landes". Sie entstand im Jahr 1230 und hat die Zeit bis heute gut überstanden. Zu frühe-

Die ursprüngliche Trasse der Salzstraße ist vor Krummesse als Sandweg erhalten.

ren Zeiten lebten die Dorfbewohner vom Treideln der Schiffe auf dem Kanal.

Hinter Krummesse trifft die Salzstraße auf den Krummesser Baum.

Die Hansestadt Lübeck ist wie Lüneburg eine Stadt des roten Backsteins. Schon von Weitem sind die Türme der Stadt zu sehen: die beiden Doppelturmpaare des Domes und der Basilika von St. Marien, die Türme von St. Petri, St. Jakobi, St. Aegidien und der Probsteikirche Herz Jesu.

Genau wie Lüneburg hat auch Lübeck eine lange Geschichte. Bereits zu Beginn des 9. Jahrhunderts wurde an der Mündung der Schwartau in die Trave eine slawische Burg errichtet. Funde aus dieser Zeit lassen darauf schließen, dass friesische Kaufleute den Ort zum Handeln besucht haben. 1138 wurde Alt-Lübeck zerstört.

Neu gegründet wurde Lübeck im Jahr 1143 von dem Grafen von Holstein, Adolf II. von Schaumburg, zwischen den Flüssen Trave und Wakenitz. Hier auf dem Hügel „Bucu" entstand die erste deutsche Stadt an der Ostsee. Aber bereits 1157 wurden große Teile

Das Holstentor (hier Blick von der Feldseite) war ursprünglich der mittlere Teil einer Gesamtanlage.

durch einen Brand zerstört. Heinrich der Löwe baute die Stadt 1159 wieder auf. Die Grundplanung ist heute noch zu erkennen: die Dreiteilung der Stadt in Burgbezirk, Kaufmannstadt und Bischofssitz. 1226 unter Friedrich II. wurde Lübeck „freie Reichsstadt" (die Stadt sollte immer frei sein – das heißt nur dem Kaiser oder König untertan). Ab 1370, nach dem Frieden von Stralsund, wurde Lübeck dann das Haupt der Hanse, übernahm damit die Führung in der Handelspolitik und wurde Zentrum der Ostseeschifffahrt. Die erste Aufzeichnung des Lübischen Rechts stammt aus dem Jahr 1225 und ist in lateinischer Sprache abgefasst. Es wurde die Vorlage für viele andere Ostsee-

städte. Oft lässt sich deren Gründung auf ihre Beziehung zu Lübeck zurückführen.

Das Lübecker Rathaus ist eines der größten mittelalterlichen deutschen Rathäuser. Nur die mächtige Gebäudegruppe am Lüneburger Marktplatz ist größer. Das erste bekannte Rathaus wurde hier in Lübeck im Jahr 1200 errichtet. Die Bautätigkeit setzte sich bis 1594 fort und trug damit der immer größer werdenden Verwaltung Rechnung, denn die Bedeutung der Stadt wuchs zu dieser Zeit stetig. Das letzte Bauvorhaben war die Rathaustreppe an der Ostseite (Breite Straße) des Kriegsstubenbaues.

Von der ehemals starken Befestigungsanlage ist nur noch sehr wenig zu sehen. Das

Altar der Maria-Magdalenen-Brüderschaft der Stecknitzfahrer im Lübecker Dom

89

Holstentor, heute das Wahrzeichen der Stadt, gehört dazu. Dieses Burgtor mit seinen zwei Wehrtürmen wurde 1477 errichtet. Es wurde als Bollwerk vor allem gegen Angriffe gebaut und galt schon zur Bauzeit als Wahrzeichen des wehrhaften, hansischen Lübecks.

Das Burgtor im Norden wurde 1444 in der heutigen Form errichtet und erhielt im Jahr 1685 die Barockhaube. In der Innenstadt stehen noch sehr schöne alte Bürgerhäuser aus der Spätgotik, der Renaissance und dem Barock. Beispiele dafür findet man in der Wahmstraße, der Mengstraße und in der Großen Petersgrube.

Die im 16. Jahrhundert umgebauten Häuser am linken Traveufer in der Nähe des Holstentores waren typische Lagerhäuser für das Salz aus Lüneburg. Der Reichtum der Stadt Lübeck ermöglichte auch die Entwicklung der Wohlfahrtspflege – ein Beispiel dafür ist das Heiligen-Geist-Hospital, das seit 1280 als Altersheim dient.

Die Salzstraße kam von Süden durch das Mühlentor in die Stadt und verlief dann weiter durch die Mühlenstraße. Das hohe Verkehrsaufkommen wurde zum Großteil durch die Salzstraße hervorgerufen. Schwer beladene Fuhrwerke brachten das „weiße Gold" zu den Salzspeichern an der Obertrave. Dort wurde es umgeladen und für den Seeversand verpackt.

Vor allem die Ostseeanrainer hatten einen hohen Bedarf an Salz, da es dort keine Salzvorkommen gab.

Ein sehr hoher Anstieg des Bedarfs an Salz entstand zur Zeit des Heringszugs, wenn die Heringe gesalzen und auf diese Weise haltbar gemacht wurden. Für fünf Fässer Hering benötigte man jeweils ein Fass Salz.

„Kanalhering" von Tim Adam in Berkenthin

Titelbild: Salzspeicher an der Trave in Lübeck; Rückseite: Historischer Kran und die Giebelfront des alten Kaufhauses in Lüneburg; Seite 12: Ein Modell des mittleren Mühlentores in Lübeck.

Bibliografische Information der Deutschen Nationalbibliothek
Die Deutsche Nationalbibliothek verzeichnet diese Publikation in der Deutschen Nationalbibliografie; detaillierte bibliografische Daten sind im Internet über http://dnb.d-nb.de abrufbar.

© 2009 by Husum Druck- und Verlagsgesellschaft mbH u. Co. KG, Husum
Gesamtherstellung: Husum Druck- und Verlagsgesellschaft
Postfach 1480, D-25804 Husum – www.verlagsgruppe.de

ISBN 978-3-89876-456-8